JN439281

고향의 숨결

고향의 숨결

이재만 시집

신아출판사

❣ 시인의 말

다시 태어난 기분

나는 아주 연할 때부터 홀로서기를 시작했다. 주위로부터 지팡이 한 자루 적선 받아본 적 없고, 먼발치서 지켜봐 주는 눈도 없었으니 거추장스럽지 않고 홀가분하게 너무 일찍 방생이 되어버렸다.

이글거리는 열기 속에서 살아남기 위한 처절한 몸부림, 물불을 가릴 수 없는 인고의 세월 속에 나름대로 탈바꿈도 해 보았다.

이제는 굴곡진 명암의 뒤안길에서 다시 찾은 요람지, 나는 오늘도 자연과 대화하며 한 줄의 글을 쓰고 있다. 정말 다시 태어난 기분이다.

문학을 전공하지 않은 사람이 졸작일망정 한 권의 책을 쓴다는 것은 보통 어려운 일이 아니었다. 저에게 창작기법을 일깨워주신 이동희 문학박사님, 곁에서 지켜봐준 가족들, 그리고 저를 격려해주신 여러 문우님들께도 심심한 감사를 드린다.

| 차례 |

2부… 염원

3부… 다시 태어난다면

4부... 꿈의 역사

5부… 갈무리

■ 평설

1부 : 고향의 맛

고구마

폭풍우 삼복더위 독하게 참아내고
옹골지게 굵어진 주먹 같은 고구마
둔하게 생겼을망정 그 맛이 일품이라.

풍년 때 간식거리 흉년 때 구황식용
전에는 흔해빠져 푸대접 서글펐고
잔칫상 진수성찬에 끼지 못한 소외감.

지금은 비싼 값에 대접받는 영양식
고구마 한바구니 동치미 한보시기
그 옛날 배고픈 시절 스쳐가는 모습들.

고인돌

후미진 산기슭의
외로운 거석이여
청동 검 한 자루로
이 땅에 터를 잡고

역사의
산증인으로
만고풍상 견디다.

대지가 요동치고
역사가 바뀌어도
수천 년 끄떡없이
살아온 인류의 혼

이 땅의
수호신 되어
영원불멸 하리라.

고향의 맛

요람기 젖꼭지에 단맛을 맛보고
황야에 방생되어 오미를 맛보고
사방을 뛰어다니며 산전수전 겪었다.

머리에 서리이고 받아본 고향밥상
아직도 살아있는 구수한 풍년의 맛
정겨운 어머니손맛에 아늑함을 느낀다.

관음사

태초에 터를 잡은 뱃길 없던 방장산
뜻 있는 산사람이 등대를 세웠는데
새벽녘 쇠북소리에 만휘군상 열리다.

등대의 공양주는 고상한 미래석불
찌들은 속사정을 모르는 듯 아느니
미간에 웃음 띤 모습 볼 때 마다 넉넉하다.

조용히 합장하고 고요히 참선하며
평안을 되찾으러 신불께 기원할 때
처마 끝 풍경소리는 소원 싣고 퍼지다.

그리운 야생화

지난봄 그곳에서 우연히 만났을 때
마음속 고이고이 간직한 그리움은
또다시 시들지 않고 디시피어 나는가.

혹시나 지금쯤은 어떨까 생각하고
우수경칩 겨우 지나 자발없이 찾아가니
조금 더 기다리라며 숨어버린 야생화.

보고픈 마음속에 아쉬움만 남긴 채
봄 처녀 한 곡조로 그리움 전해놓고
가까운 기대감속에 발걸음을 돌렸다.

농부가

어여허/ 여허 여허루/ 상사 아/ 뒤 이 여
선리건곤仙李乾坤/ 태평시의/ 도덕 높은/ 우리성군
강구미복/ 동요 듣던/ 요임금의/ 성군일래/

골짜기 다랑이 논 소 몰던 농부여
사라지는 추억의 전설로 묻히는 가
애틋한 연한시절의 눈에 선한 기억들

들에서 들려오는 흥겹던 농부가는
잊혀 진 선현들의 희미한 풍류던가
둔탁한 기계소리에 입을 닫아걸었네.

다람쥐

고향의 뒷동산은 정다운 산책공원
옛날이 그리워서 또다시 올라보니
그때의 뛰놀던 모습 새록새록 생각난다.

다박머리 소나무는 어느덧 거목되어
햇빛을 차단하고 나를 반겨 감싸는데
솔바람 스칠 때 마다 무엇인가 떨어진다.

자세히 살펴보니 토실토실 알밤들
심마니 산삼 본 듯 기쁨을 누릴 적에
토박이 터줏대감은 쥐 불본 듯 숨는다.

풀숲에 몸을 숨긴 간절한 눈동자에
더불어 사는 마음 싹쓸이를 못하고
약간의 만족감으로 발걸음을 옮겼다.

모양성

모양성 지신밟기 저당 잡힌 한나절
지친 몸 공북루에 몸 부려 숨고를 적
나무 위 하늘다람쥐 나를 보며 눈 맞춘다.

숲속에 둘러싸인 고풍스런 옛 관아 터
성주의 호통소리 들릴 것 만 같은데
산새들 아랑 곳 없이 제 할 말을 다한다.

성 밖의 다랑이 논 실개천 버드나무
인간의 개발 욕 에 하나 둘 사라지고
네모꼴 아파트 숲만 우후죽순 솟았다.

동리선생 생가에서 들려오는 판소리는
황혼에 물든 길손 애간장을 녹이고
황해에 돛을 내린 배 잉걸불이 꺼져간다.

방장산

노령산맥 정기 받아 충신열사 많이 난 곳
큰 인물 못나오게 쇠말뚝 깊이박아
정기精氣를 끊으려했던 수난의 방장산.

해 뜨는 길목의 빼어난 자연경관
전설의 풍수설도 끊지 못한 민족정기.
눈부신 아침햇살이 문을 열고 손짓한다.

고창을 감싸 안은 수려한 명산대천
해마다 이어지는 우순풍조雨順風調 기름진 땅
영원히 살아 숨 쉬는 우뚝 솟은 민족혼.

밭

밭은 배가 부르다
행복을 파종하는 터전
상추 쑥갓 오이 고추가지…
구수한 허기부터
향긋하고 새파란 피톨까지
나를 섬기는 초장
지식이 시장할 때마다, 항상
파종한다, 나를

벌초

가빠진 숨결 속에 다다른 묘지 터
칡넝쿨 잡초들만 어지럽게 엉킨 모습
굴곡진 지난 세월을 되새김질 해본다.

피골이 상접한 슬픔을 동반하고
말없는 절규들만 아련히 스쳐갈 때
한풀이 엮음수심가 흥얼흥얼 한 곡조.

예초기 빙빙 돌려 삭발을 시킬 때면
무거운 옛 생각도 삽시간에 잘라먹고
여분의 녹슨 마음도 시원하게 날린다.

사기점골

어릴 적 어머니와 함께 걷던 사기점골
그때를 생각하며 또 다시 넘는 고개
숨소리 거칠어지고 다리는 천근만근.

어머니 보고플 때 펄펄 날던 고갯길
나이 태 늘어가니 어느덧 이렇든가
산비탈 억새풀들만 산발머리 절레절레.

저무는 가을하늘 되살아난 사모곡
가까이 들려오는 내 어머니 목소리
남은 길 가벼이 말고 무겁게 살라하네.

수리봉에 올라

서늘한 찬 기운에 파르르 떠는 숲속
산새들 낯가리고 숨어서 바라보며
발걸음 옮길 적마다 옆가지로 피한다.

가파른 수리봉에 엉금엉금 기어올라
피해를 주지 않고 조용히 쉬려는데
겁먹은 수리 한 쌍이 머리 위를 맴돈다.

산 아래 저수지 옆 가로지른 직선도로
짐 실은 쇠달구는 분주히 오가는데
나 홀로 깊은 상념에 바위가 되어본다.

오살 놈

해장술 주태백이 왕림양반 보기 싫어
담가 논 복분자술 대숲에 숨겨놓고
며칠 후 찾아가보니 빈 독만 덩그렇다.

새끼덜 온다혀서 맛 보이려 숨겼는디
이놈의 영감탱이 어떻게 알았다냐
육시럴, 냄새 잘 맡는 개 코가 따로 없네.

왕림 댁 분에 겨워 쏜살같이 내닫더니
어디서 구했는지 술 한통 이고 온다
잠시 후 마루에 앉아 혼잣말로, "오살놈"

초등학교 동창회

코흘리개 유년시절 여섯 해 호흡한 후
주어진 형편 따라 가는 길 달랐지만
오늘의 주름진 얼굴 대동소이 하구나

오지에 태어나 불모지를 전전하며
제각각 뿌리내려 모질게 살아 온길
어릴 적 고사리 손이 나무토막 되었네.

일 년에 두어 번 동심으로 되돌아가
즐거운 마음으로 안부를 교환하고
먼저 간 친구기리며 애환을 함께한다.

2부 : 염원

가벼운 봄

봄비가 촉촉하게 사나흘 내린 후에
숲속에 들어서니 맑은술이 넘치고
사념思念은 계곡을 따라 몇 시간이 흘러라.

시간은 어느덧 석양으로 치닫는데
더 이상 찾을 것도 바랄 것도 없는 경지
선인은 바람을 불러 짐을 벗어 띄워라.

가을달밤

밝은 달 친구삼아 마을길 접어드니
동구 밭 당산나무 말없이 반기는데
멀리서 개 짖는 소리 가을밤이 술렁이네.

애잔한 가을밤 잠 못 들어 뒤척일 때
돌담장 덩굴 위로 아기달의 칭얼거림
그 소리 어릴 적부터 귀에 익은 목소리.

겨울의 회상

가볍게 털어버린 앙상한 길 숲에서
쪽빛의 그리움 잊을 때도 되었건만
아직도 아쉬운 마음 어찌할 수 없어라.

하얗게 덧칠해진 눈 위를 거닐 때면
한 폭의 세한도가 드넓게 펼쳐지고
누더기 지난시절이 새록새록 생각난다.

덧없는 상념 속에 옛 생각 스쳐가고
황량한 빈 들판을 말없이 걷다보니
흰머리 겨울성자가 고요하게 맞는다.

들깨수확

삼신할멈 멍석 깔고
회초리 매질소리

따가운 산통 끝에
무수히 출산하니

넉넉한 가을마당에
흥얼흥얼 콧노래.

만추

마을의 텃새들은
황금들녘 누비다가
느티나무 손짓에
재잘재잘 몰려와
한낮의 땡볕을 피해 식곤증을 달랜다.

모정의 지붕 위를
덮고 있는 느티나무
노란 잎 팔랑대며
풍년잔치 재촉하고
넘치는 황금빛가을 술잔을 건네 온다.

봄의 염원

우수가 지나면 대동강도 풀린다는데
아직도 얼어붙어 움츠리고 있는 가
혹독한 춘궁기속에 숨죽이고 있는가.

다가오는 봄기운 뉘라서 거역 하리
진달래 개나리 숨죽이고 있지만
봄바람 간질거리면 곱게 피여 난다네.

완연한 봄기운이 안개를 걷어내고
눈부신 백로가 평화롭게 안착할 때
화사한 비단옷입고 임은분명 온다네.

봄의 정취

춘설도 녹기 전에 봄바람 도지는가!
가늘게 들려오는 다정한 그 목소리
산 넘어 향기로운 임 단장하고 있는 듯.

정갈하게 늘어선 소나무 울타리 속
보란 듯 자리 잡은 아담한 암자하나
낭랑한 염불소리에 들뜬 마음 삭힌다.

늘어진 나뭇가지 매달린 둥지마다
가끔씩 들려오는 청량한 목소리는
새 삶을 일깨워주는 법문소리 같아라.

그림자 길어질 때 다다른 목로주점
냉이 향 짙은 봄에 시원한 곡차한잔
무던히 짙은 정취에 땅거미가 내린다.

봄이 오는 계곡

두툼한 솜이불에 엎드린 바위숨결
하얀 입김 내품으며 하품을 하고
바위틈 흘러내린 눈물 바위 솔을 적시다.

산위에 나부끼던 하얀 깃발은
침엽수 새잎자라 자리를 물려주고
새봄의 충만한 향기 무병장수도 여기다.

수줍은 봄 색시 꽃망울을 빗는데
계곡물 흘러내리는 옥수소리 맑구나!
참하다 시원한 옥수, 언제라도 그 맛이다

삼림욕

즐비한 낙락장송 내품는 짙은 향기
이끼 낀 마당바위 자리를 내어주고
높은 산 조각구름은 손 흔들며 넘어라.

우거진 숲 사이로 솔바람 숨어들고
낯 선이 반겨주는 싱 그런 측백나무
늘 푸른 향긋한 맛에 배고픈 줄 몰라라.

산기슭 걸린 해는 열정이 식어가고
잠기는 산골짜기 소쩍새 울음소리
아쉬운 차안此岸의 세계 하루해가 짧아라.

염원

피멍든 산기슭 훨훨 넘는 기러기 떼
북촌마을 친구 찾아 먼 나들이 떠나는가
서러운 노래 부르며 목을 놓아 우는가

반세기 지나도록 아물지 않은 상처
눈물마저 말라버린 봉합의 염원일랑
그날을 기다려 우는 기러기 떼 한민족

첫눈

간밤에 소리 없이 하강한 겨울손님
온 세상 삽시간에 상복 입힌 천사여
소복한 소박한 모습 소복소복 넉넉하다.

잠자는 고요 속에 설마하고 있었는데
한해의 근심걱정 단번에 덮었는가!
마음이 차분해지고 온몸 또한 개운하다.

내 마음 홀려놓은 눈부신 아름다움
새하얀 언덕 위를 한발 한발 걷다가
설야의 치맛자락에 엉겁결에 묻히다.

추심秋心

푸른빛 꽃 웃음은 저 멀리 시집가고
지난날 그리움에 흥건히 적신가슴
드높은 가을하늘에 이 마음을 띄운다.

억새풀 서걱 이는 비탈진 언덕위에
노랗게 화장하고 웃고 있는 오상고절
고상한 그대를 보며 그리움을 삭인다.

심산의 벽계수로 허기를 달래놓고
활활 타는 화염 속에 그리움을 던졌더니
낙엽만 피멍이 들어 차곡차곡 쌓인다.

추어탕 집

시청 앞 골목길에
손짓하는 얼굴하나
최고의 별미라는
추어탕 집 입간판
선거철 현수막처럼 의젓하게 보인다.

인기의 후보자는
말 못하는 추어탕
지지자 몰려들어
인사를 나누고는
소주와 입맞춤하며 유세연설 대신한다.

콩 타작

붉은 댕기 녹색치마 밭두렁에 벗어놓고
벌 나비 불러들여 정분나 만삭되니
널따란 회관마당에 공개재판 열렸다.

대책 없이 주렁주렁 잉태한 죄목으로
태형대신 탈곡기로 와삭와삭 짓밟을 때
깍지 속 웅크린 콩알 콩콩 튀며 나온다.

콩알 같은 체구가 대굴대굴 굴러가 듯
고샅길 쏘다니며 동네방네 소문내던
떠버리 감초할멈이 넷째손자 얻었다.

피서

한여름 찜통더위 실록을 부르는 데
그늘진 수풀아래 시원한 친수 공간
이곳은 유유자적의 천하제일 명당 터.

산지니 하늘높이 먹이 감을 노리는 데
산새들 눈치 빨라 행적이 묘연하고
산객의 고함소리에 허탈하게 떠난다.

속세를 잠시 접고 시승詩僧 이 되려는 데
사이비 땡추승은 곡차에 얼큰하여
청록의 치마폭에서 떠날 줄을 모른다.

3부 : 다시 태어난다면

가요무대

도회지 골목골목 벌집 통 아파트 숲
불 켜진 둥지마다 음악회가 열리면
온 가족 한자리에 모여 다시 듣는 옛 노래.

추억의 희 노 애 락 눈물의 골짜기,
과거를 고백하는 역사의 가시밭길,
토막 난 아픈 마음을 노래 속에 날린다.

갈라진 운명

한쪽은 풍년잔치 격양가 울리는데
한쪽은 깡통 들고 장타령 부르는 가
아깝다 갈라진 운명 언제까지 이대로…

한쪽은 주지육림 비만증 걱정인데
한쪽은 기진맥진 피골이 상접하고
갈라진 이데올로기 마침표는 언제쯤…

고사리

청산이 나를 불러 신선된 기분으로
황홀한 화전놀이 도원경에 내가취해
수양산 백이숙제가 환생한줄 알겠네.

혼돈된 세상에서 은하수에 발 담그고
깊은 밤 별을 세며 밤새도록 노닐다가
새벽녘 이슬 마시고 솟아나는 고사리.

야들야들 고사리 손 반갑다고 손 내밀어
정신없이 인사하다 해지는 줄 몰랐어라
어두워 밤길잠기니 나도 함께 잠겼네.

다시 태어난다면

손톱만큼의 양심도 없는
구정물속 사리사욕
그럴싸한 인형의
겉모습을 볼 때면
질퍽한 시궁창속에 빠져있는 기분이다.

지금껏 나의 삶은
몇 점이나 될 런지
우등생이 아니라면
차라리 다시나와
올곧은 재수생으로 한 번 더 걷고 싶다.

독거獨居 노인

움켜쥔 젊은 날에 굵어진 손마디
옹기종기 돋아난 몇 덩이의 핏줄들
어느 날 한두 덩이씩 제자리를 떠났다

고희를 훨씬 넘긴 구부정한 잔허리
실 같은 자양분에 목숨을 의지하고
고샅길 어기적대며 휘어드는 발걸음

그늘진 가슴속에 녹지 않은 그리움
늘어진 눈꺼풀은 깜박깜박 별이 되어
눈 시린 하얀 구슬만 별똥처럼 쏟는다.

비우다

수백 년 느티나무 기개를 자랑하고
노송은 등 굽어도 언제나 푸르른 데
허욕의 요물 앞에서 현혹되는 인상들.

아 서라 안 비우면 무거워 기우나니
반듯이 살다보면 부끄러움 없을 터
가슴속 운동장하나 넓혀보는 흐뭇함.

허기진 지난날의 기억을 뒤로한 채
저울에 올라보니 체중만 늘었어라
이제는 줄여가면서 목소리도 낮춘다.

선운산 첫새벽

안개가 눈 가리는 꼭두새벽 산행 길
옥구슬 털어내며 터벅터벅 걷노라니
약수터 찾던 고라니 줄행랑을 놓는다.

도토리 익어가는 길목에 접어드니
겁먹은 다람쥐들 혼비백산 흩어지고
걷히는 선운산수풀 아침을 준비한다.

아담한 도솔암 하얀 입김 낭랑하고
깎아지른 절벽에 우뚝 선 마애불은
창창한 구만리 길을 인도하는 현 생불.

우람한 천길 바위 하늘과 소통할 적
청솔무 길안내로 꼭대기에 올라보니
눈부신 아침햇살이 바위벽에 내걸린다.

순서대로

엊그제 봄이더니
지금은 겨울이라

자연의 이치이든
누구의 섭리이든

마음속 가닥을 잡아
순서대로 가는 삶.

여정旅程

내 몫의 인생행로
어디쯤 걸어왔나

숨 돌리며 돌아보는
후미진 언덕배기

이제는 나 홀로 여정
쉬엄쉬엄 걷는 길.

욕심의 한계

마음을 비웠다고 동네방네 소문낸 후
두 손에 가득 들고 입으로는 삼킨다.
끝까지 무거운 짐을 벗지 못한 욕심이여!

욕심의 실타래가 썩어서 끊어진 후
자존심 높던 문턱 맥없이 무너지고
지난날 베풀지 못해 뭇매 맞는 절규여!

우정

높고 깊은 사랑을 가슴에 묻어놓고
소용돌이 세파 속 겹겹이 쌓인 애증
돌아온 세월 아득히 불원천리 멀구나.

아늑했던 사랑방은 한기만 웅크리고
묻혀버린 우정은 불가능한 군불인가
망각한 세월 앞에서 몰인정한 친구들.

위안慰安

청사에 길이 빛난 선현들 떠나신 후
패거리 보기 싫어 안질이 재발하니
두 눈의 눈곱을 닦아 안대로 가려본다.

환경이 오염되어 씨뿌리기 부담되고
마음은 간절한데 처방이 허약하니
뒷갈망 원성소리만 골목길을 누빈다.

평생을 가꾼 토지 버릴 수가 없어서
주위를 소독하고 황토 흙을 뿌린 후에
돋아난 새싹들을 보며 위안을 얻는다.

인생무상

청운의 꿈을 안고 뜬구름 동서남북
아무도 알 수 없는 그날을 기약하며
남루한 인생여정에 잔주름만 늘었어라.

육십 평생 각축하다 원점에 다다르니
주름 잡힌 세월 속 님 들은 흩어지고
발자국 따라가 보니 한 토막의 추억뿐.

자화상

여명의 문이 열려 어둠이 갈라질 때
기지개 한번 켜고 눈감고 좌정하면
머릿속 영사기만이 고요히 작동한다.

어떤 때 눈감으면 흑백이 눈부시고
어떤 때 눈을 뜨면 천연색이 흐릿하다
아담한 나만의 공간 하나뿐인 연기자.

피곤한 영혼이 참선에 들 때면
육신은 무감각한 돌부처가 되어서
거만한 대나무 숲에 앉아있는 기분이다.

회상

지난날 일기장은 한편의 활동사진
분수를 망각하고 매달린 신분향상
주위의 비웃음소리 나에게는 자양분.

땡볕에 그을리고 소금에 절여진 채
우회를 마다하고 직선만 고집했던
머 언 먼 젊은 시절의 당당했던 희열이여.

엊그제 어리석음 오늘은 선명하고
칭찬받은 기억은 흐릿한 안개여라
이제는 천천히 걷고 버릴 것은 버린다.

4부 : 꿈의 역사

거지성자

충북 음성군 금왕읍
무극 천 다리 밑

별 하나 뚝 때어다
초롱불 밝혀놓은

그 이름
거지의 성자
최 귀동 할아버지.

불구의 몸 이끌고 매일같이 밥 동냥
병든 걸인 보살피던 남루한 인생여정

초롱불 남겨놓고서
절뚝절뚝 가신 님.

꿈의 역사

꿈은 항상 내안에 들어있다
백년의 꿈
슬며시 왔다가 슬그머니 가는 친구
결과는 스스로의 몫
인내심의 한계성.

기회가 없다고 타박하지 않는 다
그때가 언제던가 만나본 것 같은데
돌이켜 생각해보면 무덤덤한 느낌뿐.

수많은 꿈의 생성
적용되는 이분법
나는 겨우 백년을 꿈꾸다가 멈추고
역사는 만년의 꿈을 엮어가며 길어지고.

대책이 없다

구제역 창궐해도 대책 없이 갈팡질팡
억장이 무너진다 생지옥이 따로 없네
눈뜨고 살아 숨 쉬는 가축들의 생매장.

채소 값 폭락하니 밭떼기 갈아엎고
빚더미에 파묻혀 날 살려라 외쳐본들
청량 초 깨물어 삼킨 목구멍만 따갑다.

혈세로 흥청망청 배터지는 식충들
뇌물아치 독식업자 짝짜꿍 손뼉 칠 때
코뚜레 부러진 황소 고개 들고 웃는다.

말잔치

눈 몇 번 깜박이니 그때가 되었든가
배 터져 죽는 세상 만든다고 호언장담
어렵게 생각지 말고 우선 먹고 보잔다.

입으로 떡을 하면 세상사람 다 먹는데
배 터져 죽기 전에 고막 먼저 터지고
봄부터 풍년이드니 헛배 불러 죽는다.

멀뚱한 철책

한겨울 설한풍이 귓전을 때릴 때면
추위에 신음하는 환청이 괴롭힌다.
흉년의 아사지경은 나라님도 못 막는 법.

금강산 구경도 식후경食後景 이라는데
뱃가죽 등에 붙어 신음하는 바람소리
육로의 멀뚱한 철책 환갑을 넘겼구나.

민주화

안개 낀 지구촌 몇 군데
양의 탈을 쓴 늑대 몇 마리
피 냄새 즐기며 놀던 곳
공포와 허기의 절규

드디어
끝내려는 듯
마른하늘의 천둥번개
처절한 사투의 함성소리
지축을 흔들어 놓았다.

이제는
재스민 물결이 번져가는 봄
아직도 요지부동의 동토여!
그대는 눈이 멀고 귀까지 먹었던가?
울타리 밖 이목들은 안경 끼고 보는데.

술

달콤한 비극
쓰디쓴 희극
짜디짠 몸의 바다를
향기롭고 텁텁하게 노저어가는 배

이 무딘 항해 끝에는
항상 나를 무역하는
영원한 항구가
불그스레한 가로등 불빛을 밝힌 채
나를 마중하고 있으리라.

아둔함

앙금을 풀지 못한 무거운 마음이여
어둠에 포위당한 창백한 모습이여
눈뜨고 보지 못하는 청맹과니 심정이여.

너무나 답답하여 하늘에 물어보니
밤하늘 별들이 영롱히 빛나는 것은
깜깜한 어둠속에서 보기 때문 이란다.

그래도 답답하여 땅에게 물어보니
정직한 마음으로 넓게 보고 멀리보고
그래도 안보일 때는 마음으로 보란다.

위험한 발상

쌀밥보고 침 삼키며 배고팠던 그 시절
춘궁기 보릿고개 까맣게 잊었든가
옥식玉食도 껄끄럽다며 하루같이 술타령.

마을을 지배하는 후덕한 관습법은
다자녀 출산장려 미덕으로 여기건만
안일한 산아제한에 무자식 상팔자라.

반만년 배달민족 대물림 끊어놓고
이민족 수입하여 이식하려 드는 가
아기의 울음소리는 천년의 희망인데.

이정표

이리저리 꼬불꼬불 갈피잡지 못한 여정
굳어진 발바닥은 감각이 둔해지고
아직도 자욱한 연무 걷힐 줄을 모른다.

한심한 청맹과니 갈 길이 천리인데
네거리 주막집에 하루해를 다 보낸 후
노을이 짙게 깔리자 신발 찾기 바쁘다.

끊길 듯 이어지는 미로를 방황하다
짠 소금 짊어지고 빠져나온 나그네는
향나무 붓끝을 놀려 이정표를 그린다.

허울

겉으로 효도하고 속으로 자기과시
왕릉을 능가하는 묘지 터 웅장하다

오가는
비웃음속에
슬퍼하는 묘비명.

재발된 동서분쟁

사백년 전 동서분쟁 국론통일 못하고
권력에 눈이 멀어 국운은 풍전등화
민생은 안중에 없고 치열한 자리다툼

나라를 구해낼 불세출의 영웅에게
칼 대신 붓을 들려 정읍현감 제수하니
영웅은 때를 기다려 진면목을 보였더라.

국민을 우선함이 정치의 기본인데
진흙탕 편싸움에 실종된 민주주의
현대판 동서분쟁에 배꼽 잡는 이웃들

회손 된 영지靈地

방장산 용추마을 용소에 잠입하니
웅장했던 폭포소리 어디로 사라졌나
기진한 용 한마리만 힘겹게 맞이한다.

옆쪽에 보를 막아 물길을 돌려놓고
이기주의 개발 욕에 영지가 회손 된 후
자연의 아픈 상처가 악화될까 두렵다.

나를 본 꿩 한 마리 푸두둥 날아갈 때
노루는 눈 흘기며 방귀뀌고 피하느니
자연에 불친절하면 대접 또한 이렇다.

흥타령

아이 고 대고 허허 어 루 성화가 났네 헤~
아깝다 내 청춘/ 언제다시 올거나/ 철따라 봄은 가고/
봄 따라 청춘가니/ 오는 백발을 어찌할거나/

정읍사 국악원 기와집 판소리 방
아련히 살아나는 애소의 그 목소리
가끔씩 들려주시던 어머니의 흥타령

굽이굽이 지나온 누더기 내 인생아~
어느 한을 품었던가! 한을 풀고 가셨는가!
어느새 북장단 치며 다시 만난 어머니.

5부 : 갈무리

갈무리

번개 칼 파란기운 저만큼 물러앉고
높은 산 불이 붙어 삽시간에 번지더니
마음속 서운한 곳을 활활 태워 버린다.

늦가을 주마간산 하루해가 아쉬운데
말끔히 정리된 들녘하나 달려들어
찌들은 겉옷을 벗겨 자루 속에 담는다.

헝클어진 매무새를 추스르는 계절에
청명한 하늘밑에 곱게 물든 홍등가
농익은 연시 몇 개가 팔 벌리고 반긴다.

기러기 때

스산한 넓은 들녘 그림자 드리울 때
석양은 별을 불러 달빛에 엮었는데
산 능선 가로지르는 노을빛 후조 때여

산 넘어 날아가도 또다시 산 인 것을
무리지어 살면서도 역마살 못 바꾸고
오늘도 찬바람타고 유숙할 곳 찾는가!

해마다 이맘때면 어김없는 친구들
삼동을 호연하다 새봄에 짐 챙기는
떠도는 구만리장천 벗지 못한 한평생.

목련화

예전에 만났던 님 요즘도 만난다내
소박한 모습으로 설한을 감내하며
은실로 날개옷 짜던 아름다운 직녀를.

대지의 속삭임에 봄바람 살랑이면
온천장에 허물 벗고 기다리는 내 마음
찬란한 탄생의 소망 소복단장 여인아.

얕은 봄 깊은 밤에 잠 못 들어 뒤척이다
달빛과 속삭이며 정원을 거니는데
고운님 성큼 다가와 나를 보고 웃고 있네.

못 말릴 인생

술 먹고 허리 삐어 디스크 수술하고
줄담배 피우더니 발가락 잘라내고
지팡이 짚고 다니던 이 씨가 멀리 갔다.

오늘은 선술집에 김 씨만 외돌토리
술잔을 앞에 놓고 누렇게 홍시 되어
듣는 이 멀리 보내고 외로움에 횡설수설.

술 못 먹고 사는 사람 불행한 차안此岸 이요
술 먹고 죽어지면 행복한 피안彼岸 인데
이 선생 어디가시요 해장한잔 합시다.

박꽃

여름밤 고향마을 고샅을 거닐 때면
검푸른 잎줄기가 돌담장을 칭칭 감고
그 위에 하얀 꽃들이 환하게 웃는 모습.

밤마다 옥빛속살로 달과 별을 희롱하다
아침에 기진맥진 시들어 버리는 꽃
그대는 생겨날 때부터 타고난 체질인가.

며칠 후 같은 길을 또다시 걷다보니
희뿌연 모습들은 빛바래 떨어지고
귀여운 아기 박들만 똥그랗게 쳐다본다.

산들바람

멀리서 실려 오는 신선한 곡식 내음
가슴이 뚫리고 머리끝이 화창한데
신농씨神農氏 생명수 몰고 오곡풍이 오누나

햇볕과 연애하며 알알이 여무는 날
삼백 예순 닷샛날 푸른 약속 어김없이
이 바람 골골이 누벼 대대손손 풍년가.

산사의 하룻밤

온 세상 짙게 잠긴 고요한 한밤중에
은하수 개울가에 모여든 푸른 별들
지난날 있었던 일을 밤새워 속삭인다.

삼경이 훨씬 지나 잠자리에 들려는데
가까이 들려오는 은은한 범종소리는
태양 꽃 피어오르는 첫새벽을 알린다.

눈 시린 여문햇살 창문을 두드릴 때
부스스 눈 비비고 산사를 바라보니
햇빛은 벌써 일어나 동양화를 펼친다.

습작의 고통(기다림)

고향의 문창반文創班은
필묵 향 그윽한데
늘썽한 나의습작
느낌은 낙제점수
아직은 미약한 향기　풋내 나는 나의 필봉.

아둔한 생각으로
저지른 고통인가
흐려진 감각 속에
지나친 결기인가
한밤중 좌상불 되면 새벽녘이 부시다.

사시 철 일 년 내내
화단을 가꾸듯이
꽃대가 활짝 피는
그날이 찾아오면
세월과 동반하면서 향기 피워 보리라.

시절가조時節歌調

청산이/ 불로 허니/ 미록이/ 장생 허고/
강한이/ 무궁하니/ 백구의/ 부귀로다/
우리는/ 이강산 풍경에/ 분별없이/ 늙으리라/

굽이쳐 흘러온길 너무나 아쉬워라
머릿속에 내장된 옛일을 생각하며
그리운 마음을 담아 시조창時調唱에
띄워본다.

계절이 바뀌면서 물결도 달라지고
무심한 세월 속에 인심도 변하는데
올곧은 선비기상은 흔들림이 없더라.

고저의 흐름 속에 긴 호흡 조절하며
기와집 누각에서 읊어보는 시절가조
잔잔한 호수를 품어 유유자적 한나절.

육자배기

내정은/청산이요/임의정은/녹수로다/
녹수야/흐르건만/청산이야/변할소냐/
아마도 녹수가 청산을 못 잊어…

청산이 그리워라 애절한 녹수소리
어머니 산소에서 한 곡조 뽑아보면
청산은 산울림으로 나에게 화답한다.

구슬픈 가락에 한을 풀어 해치우며
생전에 뭇사람의 심금을 울렸던 님
타고난 그 소리꾼은 나를 길러 주신 분.

제삿날

부모님 제삿날은 해마다 돌아오고
상다리 휘어지는 사후의 진수성찬
메밥에 술잔 올리며 부모은덕 기린다.

고요가 짙어진 밤 별빛도 처량한데
촛불도 서러운지 하얀 눈물 흘리고
부엉이 울음소리는 내 가슴을 저민다.

서쪽에 기운 달은 부모님 얼굴인 듯
오늘도 선명하게 그 모습 떠오르고
멀리서 닭 우는소리에 여명이 열린다.

집필

얼기설기 엮어진
면면들의 틈새에
정분난 사이사이
내품는 묵향 내 음
그 안에 각양각색의 필봉들이 여물다.

다음은 어느 누가
어떠한 작품으로
당당히 우리 앞에
고개를 내밀 런지
내게도 졸작 한권이 잡힐 것 만 같아라.

취중귀가

노을이 활활 타는 갈증의 석양 무렵
탁 배기 몇 대접에 열기를 식혀놓고
어둠이 웅성거리는 골목길로 향한다.

얼큰한 밤기운 흔들리는 여덟팔자
어슴푸레 마중 나온 나무 위 조각달은
내 모습 내려다보며 깔깔대고 웃는다.

취중추태 醉中醜態

공허한 적막강산 큰대자로 퍼지르는 의식
파고드는 목마름 뒤통수 때리는 현기증.
온몸이 활활 타는가, 소금간한 젓국 내속

고추 가루 뿌려가며 젓이라도 담그는가
앗, 뜨거워 요실금에 정신없이 눈을 뜨니
역겹고 꼴사납구나, 핏발선 눈 내 몰골

달아나듯 참선방에 숨어들어 호구지책
누렇게 뜬 얼굴 누렇게 질린 내 인생
보기 싫은 내 꼬락서니 눈을 질끈 감았다.

헌신獻身

방구석
걸낭 속에
걸귀 들린
알토란들

물주고
거름 주며
애지중지
가꾸면서

퍼주고
채우다보니
쪼그라진 번데기.

■ 평설

부정의 세계에서 피어난 긍정의 꽃숭어리

호병탁(시인, 문학평론가)

1

이재만 시인과는 아직 일면식도 없다. 출판사 대표가 원고를 건네며 발문을 부탁했을 때까지도 나는 그가 누구며 무얼 하고 어디서 사는지도 몰랐다. 밀린 원고들이 머리를 지끈거리게 하고 있었고, 특히 최근에 너무 글을 남발하고 있지는 않은가 하는 강한 회의까지 들고 있던 차라 완곡히 거절하고자 하였다. 그러나 어느 문예지, 그의 작품아래 소개된 몇 줄의 이력은 나에게 놀라움 이전에 어떤 커다란 충격으로 가슴을 치며 다가왔다. 얼른 원고를 가방에 넣고 집으로 돌아왔다. 단 몇 줄로 요약된 그의 삶은 나를 부끄럽게 하였고 옷깃을 여미게 하였다. 나아가 그 이력은 우리 모든 문인들에게 커다란 성찰의 계기가 될 만한 우렁찬 목소리이기도 하였다. 내가 지금 시인의 작품집에 글을 쓰는 것은 일반적이고 통상적인, 소위 '해설'이란 이름으로 한 작가의 작품에 대해 한 평자의 입장으로 글을 쓰는 것이 아니다. 차라리 한 '작은 거인'의 신산했던 자취, 그러나 그것을 결국 알찬 결실로 돌린 그 자취를 추수해 보는, 영광스런 글쓰기의 기회로 생각하고 있다.

문예지에 소개된 그의 경력을 한 자 고치지 않고 그대로 옮긴다.

"노숙자. 엿장수, 식당종업원, 공장직공, 머슴살이, 책 외판원, 공사판 노동자."

여기까지가 첫 번째 줄이다. 본인에게 직접들은 이야기는 없다. 그러나 이 한 줄의 경력은 그가 얼마나 신산했던 삶을 부대껴 왔는지 단적으로 웅변하고 있다. 험한 인생으로 치자면 그보다 더한 이가 어디 있을까 싶다. 그러나 놀랍게도 그는 이제 아름다운 시를 쓰는 시인이다. 그가 언제 어디서 제대로 문학공부는 했을 것인가. '시인의 말'을 보면 "문학을 전공하지 않은 사람이 졸작일망정 한권의 책을 쓴다는 것은 보통 어려운 일이 아니었다"고 술회하고 있다. 그리고 이에 대한 감사를 "창작기법을 일깨워주신 이동희 문학박사님"께 표하고 있는 것을 보면 이동희 시인에게 사사한 것이 그가 받은 문학수업의 전부인 것 같다. 노숙자였고 머슴살이를 해야 했던 처절한 가난과 외로움, 부랑(浮浪)과 노동의 길고 긴 고통 끝에 그는 이제 시집을 상재한다. 모질고 긴 비바람 끝의 꽃이다. 비록 그 꽃이 곱고 화려하지는 않을지라도 그런 비바람에 꺾이지 않고 핀 꽃이기에, 아니 그 비바람을 당당하게 견디고 맞서 핀 꽃이기에 나는 감사와 존경의 마음으로 그 꽃을 바라보지 않을 수 없는 것이다.

2

이재만 시인이 감내해야 했던 고달픈 삶의 편린들은 그의 글 여기저기에 무수한 흉터처럼 산견된다. '시인의 말'에서 그는 "아주 연할 때부터 홀로서기를 시작했다"고 말한다. "주위로부터 지팡이 한 자루 적선 받아본 적"이 없다고 한탄한다. 그러나 너무 일찍 방생되어 "먼발치서 지켜봐 주는 눈도 없었으니" 오히려 "거추장스럽지 않고 홀가분"하였다고 짐짓 달관의 자세를 보인다. 그럼에도 그가 겪어야했던 삶은 "살아 남기위한 처절한 몸부림"이었고 "물불을 가릴 수 없는 인고의 세월"이었음을 그는 시인하고 있다.

가볍게 털어버린 앙상한 길 숲에서
쪽빛의 그리움 잊을 때도 되었건만
아직도 아쉬운 마음 어찌할 수 없어라

하얗게 덧칠해진 눈 위를 거닐 때면
한 폭의 세한도가 적적하게 바람 맞고
누더기 지난 시절이 새록새록 다가온다.

덧없는 상념 속에 옛날 일 지나가고
고요한 빈 들판을 말없이 걷다보니
흰머리 겨울성자에 내려앉는 하얀 눈

—「겨울의 회상」 전문

흰 눈이 내리는 숲길을 걸으며 이제는 잊을 만도 되었다고 생각하지만 시인은 아직도 "아쉬운 마음"을 어쩌지 못한다. "누더기"같은 "지난 시절"이 "새록새록" 다가옴을 어쩌지 못한다. "상처 없는 영혼이 어디 있으랴" 라고 랭보는 노래했지만 이는 어느 면에서 우리 삶 자체가 고통과 상처의 부단한 과정임을 증언하는 말에 다름이 아니다. 시인의 "누더기 지난 시절"은 잊히지 않는 깊은 상처로 몸속에 각인되었다가 눈 내리는 고요한 들판, 세한도 같은 풍경 속에서 불현듯 다시 점화된다. 이런 상처에 대한 기억은 '심리적 외상外傷'을 뜻하는 트라우마(trauma)로 작동하여 시인으로 하여금 감각적 이미

지로 자신의 서정적 내적파동을 표출하게 하고 그것을 노래하게 한다. 위의 시가 그렇다. 그리하여 "하얀 눈"은 하얀 머리의 "겨울 성자에 내려앉는 눈"으로 비쳐지게 되고, 관조의 세계에 이르게 되는 것이다.

폭풍우 삼복더위 질기게 부대끼고
옹골지게 굵어진 주먹 같은 고구마
둔하게 생겼을망정 그 맛이 일품이라

풍년 때 간식거리 흉년 때 구황식용
전에는 흔해빠져 푸대접 서글펐고
잔칫상 진수성찬에 끼지 못한 소외감

지금은 비싼 값에 대접받는 영양식
고구마 한 바구니 동치미 한 보시기
그 옛날 배고픈 시절 스쳐가는 모습들

―「고구마」 전문

이재만 시인은 평시조의 기본적 음수율을 고지식할 정도로 철저히 지키는 시인이다. 조선 중기 고산孤山의 어부사시사를 읽는 느낌이 절로 든다. 최근의 시조형식은 일정부분을 제외하고는 거의 자유시와 구별할 수 없을 정도인데 반해 시인의 이런 우직스런 정형의 준수는 아무래도 시어의 선택에서나 문장의 흐름에서 제약을

받을 수밖에 없다. 그런 손해를 감내하면서도 시인의 글은 하나같이 정확한 음수율을 지키고 있는데 어찌 보면 이런 우직함이 의외의 강력한 미적 힘으로 작동될 수 있다. 겉치레의 기교에만 골몰해서 문장은 유려하게 보이지만 의미파악조차도 힘든 요령부득의 문장들이 난무하고 있는 요즘 그의 엄정한 정형적 글쓰기 자세는 오히려 미덕으로 돋보인다. 위의 시는 바로 그런 시조의 정형을 확실하게 보여주는 작품이다.

고구마는 매끈하게 빠지지 않고 울퉁불퉁 멋없이 생겼어도 "풍년 때"는 "간식거리"로, "흉년 때"는 주식主食 대신 "구황救荒"식품으로 예부터 우리 곁에 있었다. 그럼에도 "흔해빠져" 가치 없는 식품으로 간주되어 "잔칫상 진수성찬에 끼지"도 못했다. 시인은 이런 "푸대접"이 "서글펐고" 더하여 강한 "소외감"을 느낀다. 그 '푸대접에 대한 소외감'은 과거 시인이 겪었던 신산했던 삶의 상처와 다름이 없다. 그것이 바로 "그 옛날 배고픈 시절"에 당했던 '푸대접'이고 그때 느꼈던 '소외감'이 아니었던가. '그 시절'은 그에게 "눈물의 골짜기"였던 것이며 "토막 난 아픈 마음"(「가요무대」)이 서려있던 시절이었다.

3

어느 시인은 '몸이 전부'라며 '몸이 있어 숨쉬고, 몸이 있어 일하고, 몸이 있어 사랑하는 거'라고 말했다. 그래서 '몸한테 잘 보이려고 옷 입고, 몸 배고프지 말라고 밥 먹고, 몸 쉬게 하려고 집 짓는 거'라고 말한다. 이재만 시인은 그 중에서 제대로 먹지 못하는 '배고픔'에 특별히 반응한다. 이는 당연하다. 옷은 넝마라도 걸치고, 잠은 한데 새우잠이라도 잘 수 있지만 '배고픔'은 먹는 것 외에는 아무런 방도가 없다. 앞의 시 「고구마」도 식물食物이다. 그가 섭렵한 모든 험한 직업들도 결국은 먹고 살기위한 방편이 아니었던가. "그 옛날 배고픈 시절"의 "모습들"은 시인의 뇌리에서 결코 잊힐 수 없는 트라우마로 각인되어 있다. 따라서 시인은 그 궁핍의 시절을 회억하는 데 그치지 않는다. 당연히 그는 과거를 잊고 흥청대는 현 사회에도 목소리를 높이게 되는 것이다.

> 쌀밥보고 침 삼키며 배고팠던 그 시절
> 춘궁기 보릿고개 까맣게 잊었든가
> 육식肉食도 껄끄럽다며 하루같이 술타령.
>
> —「위험한 발상」 첫째 연

시인의 많은 시편들이 우리 사회에 경종을 울리고 질

타를 마다하지 않고 있다. 같은 시에서 “아기의 울음소리는 천년의 희망”이라며 “이민족이나 수입”하고 “반만년 배달민족 대물림”을 끊을 작정이냐고 산아제한의 결과에 일갈하고 나서는 것이 그런 경우이다. 시인은 위정자들의 무대책에도 쓴 소리를 던진다.

구제역 창궐해도 대책 없이 갈팡질팡
억장이 무너진다 생지옥이 따로 없네.
눈뜨고 살아 숨 쉬는 가축들의 생매장

채소 값 폭락하니 밭떼기 갈아엎고
빚더미에 파묻혀 날 살려라 외쳐본들
청양초 깨물며 삼킨 목구멍만 따갑다

—「대책이 없다」 첫째, 둘째 연

구제역으로 가축들이 생매장 당하고, 채소가격 폭락으로 농민의 한탄이 높던 당시의 모습이 선연하다. 그런데도 대책 없는 위정자들은 “혈세로 흥청망청”하는 “식충들”에 다름 아니라고 시인은 몰아댄다. 그에게 이런 어처구니없는 일은 그야말로 “코뚜레 부러진 황소”가 “고개 들고” 웃을 일이다.

이재만 시인은 굶주리고 있는 북한주민에 대해 특별한 연민과 관심을 가지고 있다. 바로 그가 인고해야 했던 그 굶주림을 아직도 한 민족의 반이 고통으로 견디고 있기 때문이다. 그는 민족을 갈라 논 이데올로기라는 것에 대해서도 냉담한 반응을 보인다.

한쪽은 풍년잔치 격양가 울리는 데
한쪽은 깡통 들고 장타령 부르는가
아깝다 갈라진 운명 언제까지 이대로

한쪽은 주지육림 비만증 걱정인데
한쪽은 기진맥진 피골이 상접하고
갈라진 이데올로기 마침표는 언제쯤

—「갈라진 운명」 전문

시인의 북의 동포에 대한 안타까움은 다른 시편에서도 계속된다. "한겨울 설한풍이 때릴 때면" 그는 "추위에 신음하는 환청"(「멀뚱한 철책」에 괴로워한다. 그것은 "금강산 구경도 식후경"인데 "뱃가죽 등에 붙어 신음"하는 소리다. 그런데도 "멀뚱한 철책"은 이미 "환갑을" 넘겨버렸다고 같은 시에서 시인은 한탄하고 있다. 그에게 각인된 "배고픈 시절"의 트라우마는 북의 동포들의 그 같은 '배고픔'에 한없는 연민과 동정의 감정으로 반영되어 표출되고 있는 것이다. 그렇다. 배고프지 않아본 사람은 배고픈 게 뭔지 모르는 법이다.

4

시인은 「멀뚱한 철책」에서 “흉년의 아사지경은 나라님도 못 막는 법”이라는 발언을 하고 있다. 이는 일반적으로 가난 구제는 나라도 못 한다는 뜻으로 통용되고 있는 말로, 집안 살림이 궁핍한 것은 가족의 무능에 기인하는 것으로 제삼자가 나서서 해결될 일이 아니라는 뜻을 함축하고 있고, 따라서 경제적 밑바닥 계층의 문제는 당사자 개인의 문제라는 맥락과도 통하고 있다. 물론 복지국가를 지향하는 나라는 빈민층 문제를 사회적 구조 자체에서도 야기되는 것으로 보고 이를 해결하려 노력하고 있다. 그런데 이와는 별개로 이 문제가 생물학적 타당성이 있는 것으로 밝혀지고 있다. 즉 열악한 환경에 대처하기 위한 생물학적 전략으로 궁핍한 가정의 딸들은 조기 출산을 한다는 것이다. 확실히 부유한 사회의 여자가 가난한 지역의 여자보다 출산이 늦은 것은 보편적 현상이다. 이는 가혹한 환경에 사는 사람들이 일찍 아이를 낳아 얼른 성장시키고자하는 일종의 자구책이다.

논의가 갑자기 엉뚱하게 비약한 감이 있지만 이유가 있다. 궁핍한 가정을 만든 것은 태어난 아이가 아니고 그들의 부모 당사자다. 아이가 성장하여 조기출산을 하고 고달픈 삶을 갖게 되는 것은 바로 그런 가난한 가정을 만든 가장이라는 말이다. 복지국가라면 그런 환경을 만든 사회라고도 말할 수 있을 것이다.

시인은 보통사람들은 상상할 수도 없는 노숙자. 엿장수, 식당종업원, 공장직공, 머슴살이, 책 외판원, 공사판 노동자 등의 특별난 인생살이를 한 사람이라고 이미 언급한 바 있다. 그런데 이런 삶을 갖게 된 것은 본인의 책임과는 전혀 무관하다. 그것은 그런 불우한 환경에서 그를 성장하게 만든 가정이나 사회에 그 책임을 물어야 한다. 인간은 원래 자신의 의지와는 관계없이 세상에 던져진 존재다. 시인이 한국에서 태어난 것도, 남자로 태어난 것도, 가난하게 태어난 것도 그의 뜻과는 아무런 관계가 없다.

그는 그가 겪어야했던 삶이 "살아 남기위한 처절한 몸부림"의 "인고의 세월"이었다고 스스로 밝히고 있다. 얼마나 많은 원망과 분노의 불길이 가슴속에 타오르고 있었으랴.

그러나 세상에 던지는 지청구는 있어도 그의 시편 어디에도 원망과 분노는 찾아 볼 수 없다.

부모님 제삿날은 해마다 돌아오고
상다리 휘어지는 사후의 진수성찬
메밥에 술잔 올리며 부모은덕 기린다.

고요가 짙어진 밤 별빛도 처량한데
촛불도 서러운지 하얀 눈물 흘리고
부엉이 울음소리는 내 가슴을 저민다.

서쪽에 기운 달은 부모님 얼굴인 듯
오늘도 선명하게 그 모습 떠오르고
멀리서 닭 우는 소리에 여명이 열린다.

—「제삿날」 전문

위의 인용 시에 무슨 설명이 필요하랴. 어느 구절에 원망이나 분노의 그림자가 한 자락이라도 어른거리고 있는가. 둘째 연을 읽으며 별도 깜박이며 울고, 촛불도 서러워 울고, 부엉이도 가슴 저미게 울고, 마침내 시인의 마음을 읽고 있는 독자들의 누선도 젖어오는 것을 느끼게 된다. 시인은 오히려 "어릴 적 어머니와 함께 걷던 사기점골"(「사기점골」)의 힘든 "고갯길"을 아름답게 추억한다. "어머니의 목소리"가 "가까이" 들려오는 것 같다. 그립고 그리운 어머니. 시인은 마침내 "저무는 가을하늘"에 간절한 "사모곡"을 노래하게 되는 것이다.

5

문예지에 소개된 시인의 학력을 보면 정규교육은 '가평초등학교 졸업'이 전부다. 그 뒤로는 모두 검정고시로 중고등학교 과정을 마치고 결국은 학부(동서대, 국제통상과)까지 졸업한다. 경력의 두 번째 줄 이하를 역시 글씨 한 자 바꾸지 않고 옮긴다.

"경찰직, 서울지하철직 공채 동시합격(79년). 서울지하철 근무. 철도청 공채합격(80년) 서울지방철도청 근무. 부산직할시로 전출, 부산교통공사 근무. 정읍문학회 회원"

위의 학력과 경력만 보더라도 시인이 결코 핍진한 환경에 굴하지 않고 부단히 자신의 삶을 개척해 왔음을 여실이 들어내 보이고 있다. 그가 머슴살이나 공사판 노동자였을 때 지게는 등뼈처럼 자신의 몸의 일부가 되어있었을 것이고, 노숙자나 엿장수였을 때 눈물은 그의 일용할 양식이었을 것이다. 그럼에도 그는 긍정적이었고 적극적인 정신자세를 가지고 있었음에 틀림없다. 또한 자신이 처한 운명을 부끄러워하지 않고 용기 있게 자신의 길을 걸었을 것이다. 그 결과가 위에서 보는 그의 간단한 이력이다.

우리는 그의 시에 신산한 삶에서 기인하는 페이소스가 짙게 배어있으리라 생각한다. 그러나 그렇지 않다. 매사에 긍정적이었던 그는 오히려 밝은 해학을 햇볕에 빨래처럼 펼쳐 보인다.

붉은 댕기 녹색치마 밭두렁에 벗어놓고

벌 나비 불러들여 정분나 만삭되니
널따란 회관마당에 공개재판 열렸다.

대책 없이 주렁주렁 잉태한 죄목으로
태형대신 탈곡기로 와삭와삭 짓밟을 때
깍지 속 웅크린 콩알 콩콩 튀며 나온다.

콩알 같은 체구가 대굴대굴 굴러가듯
고샅길 쏘다니다 동네방네 소문내던
떠버리 감초할멈이 넷째 손자 얻었다.

—「콩 타작」 전문

콩 넝쿨은 이놈저놈과 관계하는 여자로 빗대어져 관능적으로 묘사되고 있다. 그 결과는 풍요로운 수확이다. "주렁주렁 잉태한 죄목"으로 "회관마당"에서 "공개재판"까지 열린다. 해학이 번득인다. 감초 할멈까지 "넷째 손자"를 얻었으니 자연과 인간 모두가 다산多産의 기쁨에 웃음이 가득하다. 시인의 해학은 거침이 없다.

해장술 주태백이 왕림양반 보기 싫어
담가 논 복분자술 대숲에 숨겨놓고
며칠 후 찾아가보니 빈 독만 덩그렇다.

새끼덜 온다혀서 맛 보이려 숨겼는디
이놈의 영감탱이 어떻게 알았다냐

육시럴, 냄새 잘 맡는 개코가 따로 없네.

왕림 댁 분에 겨워 쏜살같이 내닫더니
어디서 구했는지 술 한통 이고 온다
잠시 후 마루에 앉아 혼잣말로 “오살놈”

—「오살 놈」 전문

술 좋아하는 “주태백이 왕림양반”에 의해 야기되는 재미있는 서사다. 부인이 자식들에게 맛보이려 복분자술을 담가 남편 몰래 대숲에 숨겨놓았지만, 영감은 어떻게 알았는지 용케 찾아내어 다 마셔버린다. 며칠 후 “빈 독만” 덩그러니 발견한 부인이 약이 오른 건 당연하다. 새끼들이 온다니 이리 뛰고 저리 뛰어 술 한통 다시 구해놓고 “마루에 앉아” 홧김에 “혼잣말로" 욕을 해댄다.

제법 긴 서사가 짧은 글에 잘 갈무리 되어 있다. 두 부부의 코미디 같은 행동과 질펀한 사투리의 욕설은 웃음을 유발한다. 여기서 주목할 점은 부인의 욕설이 남편이 듣지 못하게 “혼잣말'로 한다는 것이다. 왕림 댁이 화는 났지만 남편에 대한 배려와 보이지 않는 살뜰한 정은 여전하다는 대목이다.

6

이재만 시인도 앞에 시의 왕림양반 못지않게 술을 좋아하는 것 같다.

노을이 활활 타는 갈증의 석양 무렵
탁배기 몇 대접에 열기를 식혀놓고
어둠이 웅성거리는 골목길로 향한다.

얼큰한 밤기운 흔들리는 여덟팔자
어슴푸레 마중 나온 나무 위 조각달은
내 모습 내려다보며 깔깔대고 웃는다.

—「취중귀가」 전문

노을이 타는 저녁이면 웬만한 사내라면 술 갈증이 날 법도 하다. 그런데 시인은 탁배기 몇 '잔'이 아니라 몇 '대접'으로 열기를 식히고 있다. 그가 술을 좋아 하는 사람일 것이라는 예측은 바로 이 대목에서 이미 맞아 떨어진다. 막걸리 몇 대접이면 보통사람은 취기가 오른다. 그러나 겨우 갈증만 해소한 시인은 이제 본격적으로 "어둠이 웅성거리는 골목길"로 향하고 있다. 골목으로 향하는 그의 뒷모습이 정겹게 느껴지고 또한 입가에 웃음을 번지게 한다. 결국 "마중 나온 조각달"도 얼큰해져 "흔들리는 여덟팔자"로 귀가하는 시인의 모습을 보며 웃고 마는 것이다. '귀가 길에 마중 나오는 달'을 보라. 역시 시인은 긍정적으로 사는 사람이다.

웃음이든 울음이든 읽는 사람의 감정의 반응을 야기하는 힘, 바로 이것이 문학이 보여주어야 할 힘이 아닌가 싶다. 개인적인 생각이지만 우리에게 웃음을 유발하는 「오살 놈」이나 「취중귀가」 같은 힘 있는 시가 계속 생산되기를 기대한다. 우리는 왕림 댁의 질펀한 욕설을 들으며 감각적 재미를 느낄 뿐이지 그녀를 상스럽다거나 천하다고 느끼지 않는다. 그런 독자라면 시를 읽을 자격도 없다. 토속어, 비속어, 사투리들이 거침없이 견인되고 우리의 감각을 자극하는 그런 강한 심상들이 결국은 부정에서 긍정의 세계관을 만드는 특별한 자장이 될 것이다.

이제 우리 모두에게 '귀가 길에 보이는 조각달'은 '나를 마중 나온 달'로 보여야 한다. 그것이 바로 부정의 세계에서 피어나는 아름다운 긍정의 꽃이고, 또한 시인이 험난한 삶 속에서 피어낸 한 송어리 꽃이기도 하다.

이재만 시집

고향의 숨결

인 쇄 2012년 3월 16일
발 행 2012년 3월 20일

저 자 이 재 만
발행인 서 정 환
발행처 신아출판사

출판등록 1984년 8월 17일 28호
주 소 전주시 완산구 태평동 251-30
전 화 (063)275-4000, 252-5633
팩 스 (063)274-3131
메 일 sina321@hanmail.net

값 10,000원

ISBN 978-89-5925-996-0 03810

※ 저자와 합의하여 인지는 생략합니다.
※ 잘못된 책은 바꿔드립니다.